PATRICIA VA A CALIFORNIA ACTIVIDADES Y EJERCICIOS

D. Padmore-Rogers & Gerardo Valecillos

authorHOUSE®

AuthorHouse™
1663 Liberty Drive
Bloomington, IN 47403
www.authorhouse.com
Phone: 1 (800) 839-8640

Published by AuthorHouse 02/03/2015

ISBN: 978-1-4969-6521-9 (sc)
ISBN: 978-1-4969-6520-2 (e)

Library of Congress Control Number: 2015901175

Print information available on the last page.

Any people depicted in stock imagery provided by Thinkstock are models, and such images are being used for illustrative purposes only. Certain stock imagery © Thinkstock.

This book is printed on acid-free paper.

Contents

Dedicatoria

Este libro está dedicado a nuestras familias, quienes siempre nos han apoyado y han sido la fuente de inspiración para lograr nuestras metas anheladas.

¡Muchas Gracias!

Reconocimiento

Queremos darle las gracias a la Profesora Ángela R. Valecillos, por el apoyo que nos ha brindado en la culminación de este libro.

Capítulo # 1
Panajachel

Vocabulario

Traduzca las siguientes palabras

1. Chica
   _____

2. País
   _____

3. Pequeño
   _____

4. Ciudad
   _____

5. Pueblo
   _____

6. Bus
   _____

7. Lago
   _____

8. Andar
   _____

9. Turistas
   _____

10. Compras (comprar)
    _____

11. Turísticas
    _____

12. Hermoso
    _____

13. Alrededor
    _____

14. Lancha
    _____

15. Volcán activo
    _____

16. Indígenas
    _____

17. Dinero
    _____

18. Pobre
    _____

19. No tienen
    _____

20. Blusa
    _____

21. Reciben (recibir)
    _____

22. Huipil
    _____

23. Falda
    _____

24. Lava (lavar)
    _____

25. Ropa
    _____

26. Calle
    _____

27. **Estaciones del año** _____

28. **Invierno** _____

29. **Verano** _____

30. **Tribu** _____

Dibuja la Moneda de Guatemala Usando la Internet

Cuestionario

1. ¿Cuál es el título de la lectura?

2. ¿De qué país es Patricia?

3. ¿Cuál es la capital de ese país?

4. ¿En qué pueblo vive Patricia?

5. ¿De qué tamaño es el país?

6. ¿Cuál es la población de ese país?

7. ¿A cuántas horas está Panajachel de la ciudad?

8. ¿Cómo se llega a Panajachel desde la ciudad?

9. ¿Cómo se llama el lago?

10. ¿De qué color es el lago?

11. ¿Cómo describen el lago?

12. ¿Qué hay alrededor del lago?

13. ¿Cómo se llega a San Pedro?

14. ¿Cuánto tiempo dura el viaje a San Pedro?

15. ¿Cómo se llaman los volcanes?

16. ¿Cómo describen al país de Guatemala?

17. ¿Qué no tienen los niños de San Pedro?

18. ¿Cómo describen a las personas de San Pedro?

19. ¿Tienen los niños de San Pedro la oportunidad de ir a la escuela?

20. ¿Dónde venden los productos que la familia produce?

21. ¿Qué hacen los padres con el dinero?

22. ¿Cuál es el nombre de la blusa?

23. ¿Cómo se distinguen los indígenas entre ellos?

24. ¿Cuántas estaciones hay en Guatemala?

25. ¿Cómo es el invierno?

26. ¿Cómo es el verano?

Dibuja el lago Atitlán Usando la Internet

Ejercicio

Nombre _____

Dictado
Escriba las palabras que dicte el profesor tomadas del vocabulario

1. _____

2. _____

3. _____

4. _____

5. _____

6. _____

7. _____

8. _____

9. _____

10. _____

Ejercicio

Nombre _____

Llene el espacio en blanco

1. En Guatemala hay _____ de personas.

2. Patricia es de _____.

3. El pueblo de Patricia se llama _____.

4. El título de la lectura es _____.

5. Los meses de verano son _____ y _____.

6. Los dos volcanes se llaman _____ y _____.

7. Guatemala es un país _____.

8. El lago se llama _____.

9. Los meses de invierno son _____ y _____.

10. Se llega a San Pedro en una _____.

11. _____ es el vestido que tiene muchos colores.

12. _____ es el nombre de la falda.

13. En Guatemala hay muchos _____.

14. Las dos estaciones en Guatemala son _____ y _____.

15. El verano de Guatemala no es igual al de los _____.

Ejercicio

Nombre _____

Contesta con <u>C</u> para cierto o <u>F</u> para falso.

_____1. Patricia vive en California.

_____2. Panajachel es una ciudad grande en Guatemala.

_____3. San Pedro es un pueblo cerca de Panajachel.

_____4. Hay menos de un millón de personas en Guatemala.

_____5. Muchos indígenas en San Pedro no tienen la oportunidad de asistir a una escuela.

_____6. Los huipiles son blusas especiales que las chicas indígenas llevan.

_____7. Todos los indios del mismo pueblo llevan los mismos colores.

_____8. Hay cuatro estaciones en Guatemala.

_____9. La estación seca comienza en mayo.

_____10. Las personas de San Pedro van a los Estados Unidos.

_____11. La madre de Patricia se llama Elena.

_____12. Panajachel está a diez horas de la ciudad.

_____13. Panajachel está ubicado en Costa Rica.

_____14. El pico Bolívar es el nombre del volcán en Panajachel.

_____15. El lago es de color gris.

Los Indígenas de Guatemala del Siglo XV

Los Indígenas de Guatemala del Siglo XXI

Ejercicio

Nombre _____

Llene el espacio en blanco

1. Los dos volcanes se llaman _____ y _____

2. El lago es de color _____

3. Panajachel está a _____ horas de la ciudad.

4. Patricia se monta en un _____ para llegar a su pueblo.

5. La capital de Guatemala es _____

6. Patricia va a San Pedro en una _____

7. Los _____ van a Panajachel.

8. El volcán está _____

9. El título de la lectura es _____

10. Las niñas y los niños solamente tienen _____ pantalones y blusas.

Actividad Escrita

Nombre: _____

Compara y contrasta la vida de los niños en Guatemala con la de los niños en los Estados Unidos

Niños de Guatemala	Niños de los Estados Unidos

Dibuja el Huipil
Huipil

Completa la tabla con información del Capítulo 1

Patricia	San Pedro	Panajachel	Lago y volcanes

Patricia Va a California Capítulo #1

```
K  O  A  S  E  K  E  Z  E  A  V  Z  P  O  R
C  L  P  Y  B  V  X  R  H  A  S  G  O  T  L
O  B  Q  I  T  U  A  I  V  U  L  L  N  Y  L
H  E  R  M  O  S  O  V  L  S  I  H  R  U  A
H  U  G  U  A  T  E  M  A  L  A  P  E  T  N
C  P  A  Í  S  E  T  N  E  R  E  F  I  D  C
O  A  S  U  L  B  P  H  A  I  I  T  V  L  H
M  T  B  W  V  E  C  R  Q  C  L  C  N  R  A
E  R  S  B  D  A  L  B  M  Á  L  Ó  I  F  C
N  I  R  R  J  S  T  X  N  P  I  O  A  G  K
Z  C  O  A  M  M  É  X  I  C  O  M  V  L  D
A  I  N  D  Í  G  I  N  A  S  I  V  G  K  T
R  A  N  I  M  R  E  T  O  L  I  M  Á  N  S
P  O  R  R  E  U  S  L  I  G  W  L  K  O  P
U  J  G  A  C  E  C  A  S  Q  M  K  M  G  Y
```

ATITLÁN	BLUSA	BUS
COMENZAR	DIFERENTE	ESTACIÓN
FAMILIA	GUATEMALA	HERMOSO
HUIPIL	INDÍGINAS	INVIERNO
LANCHA	LLUVIA	MÉXICO
PANAJACHEL	PATRICIA	PAÍS
PUEBLO	SANPEDRO	SUR
TERMINAR	TOLIMÁN	VOLCANES

NOTAS DEL LECTOR

Capítulo # 2

Vocabulario

Nombre_____

Traduzca las siguientes palabras

1. Gobierno _____

2. Verduras _____

3. Fines de Semana _____

4. Pollo _____

5. Menos _____

6. Postre _____

7. Unida _____

8. Flan _____

9. Mayor _____

10. Tamales _____

11. Papas _____

12. Queso _____

13. Traje _____

14. Camisa _____

15. Venden (vender) _____

16. Corbata _____

17. Avena _____

18. Blusa _____

19. Ganar _____

20. Falda _____

21. Vida _____

22. Uniformes _____

23. Mestiza _____

24. Duermen (dormir) _____

25. Fuera

26. Dormitorio

27. Sala

28. Cocina

29. Palmera

30. Frío

31. Existen (existir)

32. Aguacate

33. Plátano

34. Flor

35. Pan

36. Excursión

37. Frijoles

38. Comida Típica

39. Desayuno

40. Almuerzo

41. Cena

Cuestionario

Nombre: _____

Conteste las siguientes preguntas:

1. ¿Cómo describen a la familia de Patricia?

2. ¿Cómo se llama el padre de Patricia?

3. ¿Para quién trabaja el padre de Patricia?

4. ¿Dónde trabaja el padre de Patricia?

5. ¿Cuándo regresa a la casa el padre de Patricia?

6. ¿Cómo se llama su madre?

7. ¿Cuántas hermanas tiene Patricia?

8. ¿Cuántos hermanos tiene Patricia?

9. ¿A dónde va a trabajar Elena?

10. ¿Cuántos años tiene la madre de Patricia?

11. ¿Cuántos años tiene el padre de Patricia?

12. ¿Cuántos años tiene Patricia?

13. ¿Cuántos años tiene David?

14. ¿Son las tres hermanas de Patricia mayores?

15. ¿Cuántos años tiene Berta?

16. ¿Cuántos años tiene Margarita?

17. ¿Cuántos años tiene Silvia?

18. ¿Es la familia de Patricia indígena?

19. ¿Cómo se visten los ladinos?

20. ¿Qué usa Eduardo cuando va a su trabajo?

21. ¿Qué ropa llevan algunos de los indígenas?

22. ¿Qué llevan los chicos cuando van a la escuela?

23. ¿Cómo es la casa de Patricia?

24. ¿Dónde duerme el hermano de Patricia?

25. ¿Dónde prepara la madre de Patricia la comida?

26. ¿Qué hay delante de la casa?

27. ¿Qué tiempo hace en Panajachel?

28. ¿Qué clase de árboles hay detrás de la casa?

29. ¿Cómo se llama el pan de Guatemala?

30. ¿Dónde compra Patricia la tortilla?

31. ¿Qué come la familia?

32. ¿Qué comen en el desayuno?

33. ¿Cómo es la leche que usan en el cereal?

34. ¿Qué comen en el almuerzo?

35. ¿Qué comen de postre?

36. ¿Qué vende la gente en la calle?

37. ¿Qué hace la familia de Patricia durante la cena?

38. ¿Va Patricia a un colegio Público o Privado?

39. ¿Trabajan algunos chicos de día?

40. ¿Van algunos chicos a la escuela de noche?

Dibuja la Ropa Ladina
Ropa Ladina

Representa con dibujos el Capítulo # 2

1	2
3	4
5	6

PATRICIA VA A CALIFORNIA CAPITULO #2

```
W  S  E  U  I  H  U  K  A  O  H  O  R  Q  M
A  Q  C  E  H  Z  E  G  N  B  E  R  T  A  M
U  I  A  O  P  Q  U  R  I  M  R  X  R  I  T
I  D  T  J  C  A  E  B  D  S  M  G  R  C  A
P  W  T  Z  C  I  T  R  A  B  A  J  A  T  N
U  F  H  A  B  F  N  R  L  R  N  C  O  U  E
E  U  T  O  D  X  E  A  I  M  A  I  C  F  T
E  E  G  D  R  M  M  T  Y  C  S  U  I  R  I
S  R  T  R  L  N  A  N  I  G  I  D  N  I  D
S  A  L  A  O  C  L  S  R  O  Y  A  M  J  O
B  U  P  U  I  Z  O  K  E  R  S  D  M  O  D
Q  D  H  D  Z  V  S  M  O  R  A  N  E  L  E
H  I  N  E  F  V  L  J  I  V  G  L  N  E  L
A  J  E  I  M  T  T  I  I  D  Q  E  O  S  U
O  L  Q  U  V  G  J  D  S  H  A  M  R  Y  S
```

AGUACATE	BERTA	CIUDAD
COCINA	COMIDA	DAVID
EDUARDO	ELENA	FRIJOLES
FUERA	GOBIERNO	HERMANAS
INDÍGENA	LADINA	MARGARITA
MAYOR	MENOR	PALMERAS
PATRICIA	REGRESA	SALA
SILVIA	SOLAMENTE	TRABAJA

Busca en Internet el significado del siguiente vocabulario y dibújalo

1. **Aguacate**	
2. **Plátanos**	
3. **Frijoles**	
4. **Verduras**	
5. **Pollo**	
6. **Mosh**	
7. **Pan**	
8. **Tortilla**	

Comida Típica de Guatemala
Busca en la Internet las recetas auténticas
de Guatemala e imprime las fotos

Recetas	Foto de la comida

Ejercicio

Nombre _____

Dictado
Escriba las palabras que dicte el profesor tomadas del vocabulario

1. _____

2. _____

3. _____

4. _____

5. _____

6. _____

7. _____

8. _____

9. _____

10. _____

Ejercicio/Capítulos 2 y 3

Nombre _____

Escribe C si es cierto y F si es falso

1. _____El Colegio se llama María de las Casas

2. _____El edificio es negro.

3. _____Los estudiantes entran a clase a las seis y treinta.

4. _____Patricia quiere viajar a los Estados Unidos.

5. _____Patricia va a quedarse por ocho meses

6. _____El padre de Patricia gana cuatrocientos dólares a la semana.

7. _____Patricia viaja en tren a los Estados Unidos.

8. _____Patricia va a vivir con unas tías.

9. _____Patricia le dice a su padre que es un padre práctico.

10. _____Cuando Patricia viaje a los Estados Unidos hablará Inglés.

Ejercicio

Nombre _____

Traduzca las siguientes palabras

1. Salario   _____

2. Emocionada   _____

3. Cultura   _____

4. Perfecto   _____

5. Gritar   _____

6. Dormitorio   _____

7. Frío   _____

8. Mestiza   _____

9. Uniformes   _____

10. Palmera   _____

11. Tortillería   _____

12. Postre   _____

13. Pagan (pagar)   _____

Ejercicio

Nombre _____

Llene el espacio en blanco

1. La madre de Patricia se llama _____

2. Eduardo trabaja en la _____ de Guatemala.

3. Los _____ llevan ropa similar a la de los americanos.

4. Enfrente de la casa hay _____ palmeras.

5. El plátano tiene una _____ bonita.

6. El pan de Guatemala se llama _____.

7. El _____ es un cereal caliente de avena Quaker.

8. En la calle venden _____ para el almuerzo.

9. Elena tiene _____ años.

10. Patricia lleva _____ para ir a la escuela.

11. Hay muchas _____ en Panajachel.

12. Patricia vive una vida simple. No es _____.

13. En Guatemala un colegio es una _____ particular.

Actividad Escrita

Nombre: _____

Describe la casa de Patricia

_____

_____

_____

_____

_____

_____

Dibuja la casa de Patricia

NOTAS DEL LECTOR

Capítulo # 3

Vocabulario

Nombre_____

Traduzca las siguientes palabras

1. Conocer _____

2. Salario _____

3. Avión _____

4. Esperar _____

5. Edificio _____

6. Un Poco _____

7. Tres Meses _____

8. Durante _____

9. Semana _____

10. Calle _____

11. Antes _____

12. Entrar _____

13. Detalles _____

14. Saber _____

15. Emocionada _____

16. Decir (dice) _____

17. Llegar (llega) _____

18. Después _____

19. Quiero (querer) _____

20. Pagar Parte del Costo _____

21. Sacrificio _____

22. Saltar y Gritar _____

23. Costar (costo) _____

24. Trabajar (trabajo) _____

Lectura

Nombre: _____

Lee las siguientes oraciones en voz alta:

- Hoy Patricia va a su clase de inglés. Ella está muy emocionada.

- Patricia entra al salón de clase y dice, "¡Buenos días!"

- La profesora de Patricia dice que hay una posibilidad de estudiar por un semestre en Estados Unidos.

- Patricia va a hablar con su padre sobre el viaje a los Estados Unidos. Ella piensa que es una buena oportunidad para aprender bien el inglés.

- Patricia quiere ir a los Estados Unidos para aprender a hablar inglés.

- El programa para estudiar inglés en Estados Unidos cuesta cuatrocientos dólares americanos.

- El padre de Patricia no gana mucho dinero.

Calle principal de Panajachel con su iglesia catedral

Cuestionario

Nombre_____

Contesta las siguientes preguntas

1. ¿Cómo se llama el colegio de Patricia?

2. ¿Cómo se llama la calle principal de Panajachel?

3. ¿A qué hora comienzan las clases?

4. ¿Cuál es el nombre del fútbol en los Estados Unidos?

5. ¿Dónde trabaja el papá de Patricia?

6. ¿Cuánto tiene que pagar la familia por el programa?

7. ¿Cuánto gana el papá de Patricia por un mes de trabajo?

8. ¿Por qué quiere ir Patricia a los Estados Unidos?

9. ¿Por qué Patricia le da un gran abrazo a su papá?

10. ¿Qué les explica la profesora a sus estudiantes?

Ejercicio

Nombre _____

Dictado
Escriba las palabras que dicte el profesor tomadas del vocabulario

1. _____

2. _____

3. _____

4. _____

5. _____

6. _____

7. _____

8. _____

9. _____

10. _____

Ordena las letras para formar una palabra:

1. R C C N O O E _____

2. E O I O A A M C N D _____

3. T R B J R A A A _____

4. S L R O I A A _____

5. L L T D E A S E _____

Ejercicio

Nombre _____

Llena los espacios en blanco

1. La escuela de Patricia es de color _____

2. La calle principal en Panajachel es _____

3. El fútbol en los Estados Unidos se llama _____

4. El padre de Patricia gana _____ al mes.

5. El colegio donde va Patricia se llama _____

6. La familia de Patricia no tiene un _____

7. El padre de Patricia se queda por una _____ en la ciudad de Guatemala.

8. Patricia espera _____ horas para hablar con su padre.

9. Patricia va a vivir con una familia _____

10. Las clases de Patricia empiezan a las _____ de la mañana.

Ejercicio

Llena los espacios en blanco

1. El estudiante necesita saber un poco de_____

2. El estudiante necesita pagar _____del programa.

3. _____ le dice que es buena idea pero no sabe_____

4. El programa de estudio en Estados Unidos dura cuatro_____

5. Es una oportunidad para conocer a otras_____

6. Patricia le dice a su papá que él es un papá_____

7. Patricia va a tener muchas _____para tener un buen trabajo.

8. _____dólares es mucho dinero para mí.

9. Patricia _____hacia su papá.

10. El padre le responde: _____

Ejercicio

Nombre _____

Completa la tabla con información de acuerdo con las palabras dadas

PATRICIA	EL COLEGIO	PROGRAMA DE ESTUDIO EN USA	EL PADRE DE PATRICIA

Criptograma

Nombre _____

A	B	C	D	E	F	G	H	I	J	K	L	M	N	O	P	Q	R	S	T	U	V	W	X	Y	Z
18				5				7						4	20			13							

```
P  A  _  I  _  I  A    _  I  E  _  E  _  I  _  A  _  E  S  _  A  _  O  S
20 18 3  8  7  19 7 18   24 17 7  5  8  5    7  8    18   5  13 3  18 2  4  13

_  I  _  O  S  _  P  A  _  A  _  E  S  _  _  I  A  _  I  _  _  E  S
17 26 7  2  4  13   20 18 8  18   5  13 3  17 2  7  18 8    7  26 10 23 5  13
```

Lea la oración en voz alta y escriba preguntas con:

1. ¿Quién _____ ?

2. ¿Qué _____ ?

3. ¿Dónde _____ ?

4. ¿Porqué _____ ?

PATRICIA VA A CALIFORNIA CAPITULO #3

Crucigrama

```
M  S  E  M  A  N  A  R  U  T  L  U  C  J  I
S  I  O  O  R  O  R  O  G  R  I  T  A  R  Z
P  O  S  I  B  I  L  I  D  A  D  K  A  A  E
E  P  T  A  C  L  Q  L  B  E  S  D  G  T
C  Z  R  N  K  I  O  A  D  A  T  Q  A  A  Z
J  O  M  O  E  F  F  N  S  J  A  E  N  P  D
S  S  M  O  G  I  W  I  O  O  L  T  O  X  S
A  E  E  I  C  R  C  L  D  C  L  N  I  O  M
L  S  M  G  D  C  A  O  C  E  E  A  C  T  X
A  E  R  E  B  A  S  M  R  P  S  R  O  L  Q
R  M  Z  L  S  S  I  E  A  T  C  U  M  A  Q
I  O  P  O  R  T  U  N  I  D  A  D  E  S  C
O  B  D  C  A  B  R  A  Z  O  R  U  H  K  I
B  X  U  C  A  L  L  E  N  T  R  A  C  W  O
I  C  N  E  R  N  V  O  T  S  O  C  N  A  O
```

ABRAZO	CALLE	CARRO
COLEGIO	COMIDA	CONOCER
COSTO	CUATROCIENTOS	CULTURA
DETALLES	DURANTE	EDIFICIO
EMOCIONADA	ENTRA	GRITAR
MESES	OPORTUNIDADES	PAGAR
PIE	POSIBILIDAD	PROGRAMA
SABER	SACRIFICIO	SALARIO
SALIR	SALTO	SEMANA
SEMESTRE	TRABAJO	

Dibujar

Nombre _____

Representa con dibujos el Capítulo# 3

1.	2.
3.	4.
5	6

Un poco de la cultura Maya
de Guatemala
Pirámide de Tikal

Período Clásico

Se extendió, aproximadamente, desde el año 300 D.C. hasta el 900 D.C. Se trata de la época de esplendor de la civilización maya. Fue entonces cuando se construyeron los grandes centros ceremoniales de Uaxactún y Tikal (Guatemala). Además, la influencia maya llegó a las tierras bajas del centro y del sur, donde fundaron otras famosas ciudades: Palenque y Xaxchilán (México), Quiriguá (Guatemala) y Copán (Honduras).

NOTAS DEL LECTOR

Capítulo # 4

Vocabulario

Nombre_____

Traduzca las siguientes palabras:

1. Subir (suben)   _____
2. Aeropuerto   _____
3. Autobús   _____
4. Llegar (llega)   _____
5. Tomar (toman)   _____
6. Felicidad   _____
7. Contento   _____
8. Boleto   _____
9. Avión   _____
10. Sudamérica   _____
11. Centroamérica   _____
12. Abrazar (abrazo)   _____
13. Llorar (llora)   _____
14. Mes (meses)   _____
15. Piloto   _____
16. Aproximadamente   _____
17. Condición (condiciones)   _____
18. Diferencia   _____
19. Reloj   _____
20. Rápidamente   _____
21. Papel   _____
22. Terminal de buses   _____
23. Gritar   _____

24. **País** _____

25. **Entre** _____

26. **Algunos** _____

27. **Interior** _____

28. **Padres** _____

29. **Generalmente** _____

30. **Personas** _____

31. **Hermanos** _____

32. **Tiempo** _____

Dibuja un Boleto de Avión con Destino a Guatemala Usando la Internet

Cuestionario

1. ¿Cuál es la fecha del viaje de Patricia?

2. ¿Cómo llega la familia a la ciudad?

3. ¿A qué hora sale el vuelo de Patricia?

4. ¿A qué hora va estar el padre de Patricia en el aeropuerto?

5. ¿Qué transporte toman para llegar al aeropuerto?

6. ¿Cómo es el taxi que usa la familia de Patricia?

7. ¿Cuántas personas caben en el taxi?

8. ¿A qué hora llegan al aeropuerto?

9. ¿Qué tiene Patricia en la mano?

10. ¿Van todas las personas que están en el aeropuerto para los Estados Unidos? (Explica)

11. ¿Qué hace Patricia cuando se despide de su familia?

12. ¿Qué les grita Patricia a su familia antes de subir al avión?

13. ¿A qué parte de los Estados Unidos viaja Patricia?

14. ¿Cuál es el tiempo estimado de viaje para Patricia?

15. ¿A qué hora llega el avión a Los Ángeles?

16. ¿Cuántas horas de diferencia hay entre Guatemala y Los Ángeles?

17. ¿Qué ve Patricia cuando sale del avión?

Ejercicio

Dictado
Escriba las palabras que dicte el profesor tomadas del vocabulario

1. _____

2. _____

3. _____

4. _____

5. _____

6. _____

7. _____

8. _____

9. _____

10. _____

Ejercicio

Pareo / Matching

1. En el carro caben   _____ un boleto de avión.

2. La fecha del viaje   _____ llora un poco

3. Toman un_____ para
    llegar al aeropuerto   _____ de una hora

4. La familia llega a
    la ciudad en un   _____ autobús

5. Al montarse en el avión,
    Patricia les grita   _____ papel que dice "Patricia"

6. El avión llega a Los Ángeles   _____ seis personas

7. Cuando Patricia sale
    del avión ve un   _____ a las once

8. Entre Los Ángeles
    y Guatemala hay
    una diferencia   _____ yo les quiero

9. Patricia tiene en la mano   _____ taxi

10. Patricia al despedirse
    de la familia   _____ 23 de agosto

Ejercicio

Nombre _____

Llena los espacios en blanco

1. La madre de Patricia y sus hermanos suben a un _____

2. Patricia y su familia necesitan estar en el aeropuerto a las _____ de la tarde.

3. Toman un _____ grande para llegar al aeropuerto.

4. Patricia ya tiene su _____ de avión en las manos.

5. Patricia _____ un poco triste porque no va a ver a su familia por unos meses.

6. El _____ les habla a todos. Les dice que el avión va a Los Ángeles.

7. El viaje es de aproximadamente _____ horas.

8. El avión llega a Los Ángeles a las _____ de la mañana.

9. Los Ángeles y Guatemala solo tienen _____ hora de diferencia.

10. Patricia ve un _____ que dice Patricia.

11. El _____ de Patricia ya está en el aeropuerto esperando a la familia.

12. El padre de Patricia trabaja en la _____

PATRICIA LLEGA AL AEROPUERTO EN UN TAXI

PATRICIA VIAJA A CALIFORNIA EN AVIÓN

Ejercicio

Escriba C si es cierto y F si es falso

1. El 31 de Octubre Patricia viaja a los Estados Unidos.

2. Patricia llega al aeropuerto y ve una cría de pollitos.

3. Cuando Patricia sale del aeropuerto ve un papel grande que dice su nombre.

4. Patricia viaja sola a la ciudad de Guatemala.

5. En el taxi se montan seis personas para llegar al aeropuerto.

6. Patricia ya tiene su boleto de avión.

7. Patricia y su familia llegan al aeropuerto a las cinco y cincuenta.

8. Patricia le pregunta a su padre, "¿Todos van al aeropuerto?"

9. El avión llega a las once en punto.

10. El tiempo en el avión pasa muy lentamente.

PATRICIA VA A CALIFORNIA
Capítulo # 4

Ordene las palabras

Copia las letras de las celdas enumeradas para obtener una palabra o frase

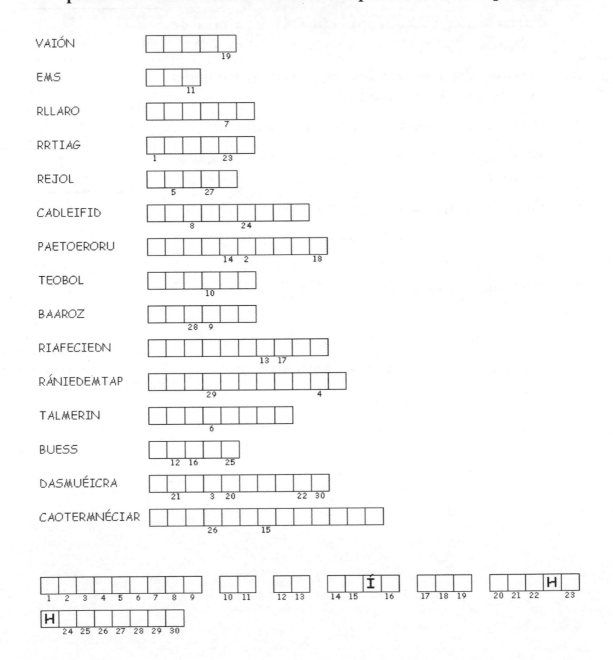

NOTAS DEL LECTOR

Capítulo # 5

Vocabulario/Traducir

1. **Abrazo** _____

2. **Besar (beso)** _____

3. **Mejilla** _____

4. **Costumbre** _____

5. **Mujer** _____

6. **Entiende** _____

7. **Tener (tengo)** _____

8. **Ahora** _____

9. **Bienvenida** _____

10. **Contenta** _____

11. **Tráfico** _____

12. **Subir (suben)** _____

13. **Explicar (explican)** _____

14. **Costas** _____

15. **Lejos** _____

16. **Propio** _____

17. **Oficina** _____

18. **Horno** _____

19. **Microondas** _____

20. **Refrigerador** _____

21. **Aparato** _____

22. **Lavaplatos** _____

23. Canales

24. Curiosidad

25. Pueblo

26. Maleta

27. Carta

28. Simpático

Dibuja una Planta de Bananas Usando la Internet

Vocabulario

Traduce las siguientes oraciones (Usa la Internet o el diccionario)

1. Mi papá lleva 2 maletas para su viaje a Guatemala.

2. Mi abuelo escribe una carta a su hermana de Colorado.

3. Mi madre usa el lavaplatos en la cocina.

4. Yo tengo una amiga muy simpática.

5. Nosotros tenemos comida en el refrigerador.

6. Yo tengo mi propio cuarto.

7. Los estudiantes entienden mucho español.

8. Los padres de Patricia no están contentos.

9. Patricia es una chica muy inteligente porque le gusta estudiar.

10. Los hermanos de Patricia son jóvenes alegres.

Cuestionario 1

Preguntas fáciles de responder

1. ¿Qué les dice Patricia a las dos chicas?

2. ¿Cuál es la costumbre que tienen las mujeres en Guatemala?

3. ¿Por qué Patricia está contenta?

4. ¿Qué hablan todas las personas en el aeropuerto?

5. ¿Quién es Lisa?

6. ¿Cuántos años tiene Lisa?

7. ¿Cómo se llama el padre de Lisa y Diane?

8. ¿Cómo se llama la madre de Lisa y Diane?

9. ¿Dónde viven Lisa, Diane y toda la familia?

10. ¿Cómo va la familia a la ciudad de Ventura?

Cuestionario 2

1. ¿Qué dice Patricia cuando sale del avión?

2. ¿Qué hace Patricia cuando ve a las chicas?

3. ¿Cómo se llaman las hermana de California?

4. ¿Cómo se llama la hermana mayor?

5. ¿Cómo es la casa?

6. ¿Entiende mucho inglés Patricia?

7. ¿Qué idioma habla Patricia?

8. ¿Cuántos años tiene Diane?

9. ¿Cómo se llama la señora de la casa?

10. ¿En qué ciudad vive la familia americana?

11. ¿A cuántas horas del aeropuerto va a vivir Patricia?

12. ¿A qué clases van Diane y Lisa?

13. ¿Cómo se llama la escuela a la que asiste Diane?

14. ¿Cómo se llama la escuela a la que asiste Lisa?

15. ¿Dónde está localizada la ciudad de Ventura?

16. ¿Tienen las dos chicas su propio cuarto?

17. ¿Cómo describe Patricia cada cuarto en la casa de Lisa y Diane?

18. ¿A quién le escribe Patricia una carta?

19. ¿Qué hace Patricia cuando entra a su cuarto?

20. ¿Qué tiene el padre en la casa?

Ejercicio

Nombre _____

Dictado
Escriba las palabras que dicte el profesor tomadas del vocabulario

1. _____

2. _____

3. _____

4. _____

5. _____

6. _____

7. _____

8. _____

9. _____

10. _____

Ejercicio

Nombre _____

Escribe C si es cierto y F si es falso

1. Patricia les da abrazos a las chicas. _____

2. Las chicas hablan un poco de español. _____

3. Lisa tiene trece años _____

4. La madre de Lisa y Diane se llama Susana. _____

5. La familia americana vive en la ciudad de Ventura. _____

6. Diane y Lisa van a la escuela pública. _____

7. Ventura está a siete horas de Los Ángeles. _____

8. La casa de Diane y Lisa es muy pequeña. _____

9. La tele tiene más de quinientos canales. _____

10. Diane, Lisa y Patricia tienen sus propios cuartos. _____

11. La casa es moderna. _____

12. Patricia está muy contenta de estar en los Estados Unidos. _____

13. Patricia le escribe una carta a su novio. _____

14. El padre de Patricia se llama Ron. _____

15. En la casa de Diane y Lisa no hay aparatos electrónicos. _____

PATRICIA LE ESCRIBE UNA CARTA A SU FAMILIA

Ejercicio

Completa la tabla con información

Patricia	Lisa	Diane	El padre de Lisa	La madre de Lisa
La casa	Ventura	Guatemala	California	Escuela

Ejercicio

Dibuja la casa de Diane y Lisa

WORD SEARCH

```
T  P  Z  I  A  N  I  C  I  F  O  K  Y  D  P
A  S  P  S  O  T  A  R  A  P  A  T  S  O  C
N  S  O  T  R  A  U  C  M  D  S  A  M  Q  B
I  P  L  S  O  M  I  V  I  V  L  O  U  N  V
C  L  S  L  E  X  T  N  D  L  A  M  J  U  F
O  W  T  K  I  B  E  Z  I  H  P  T  E  E  D
C  T  K  J  K  V  L  J  E  H  Q  X  R  V  L
R  U  R  I  N  S  E  R  D  A  P  E  E  A  I
C  C  X  E  H  M  V  H  N  A  T  V  S  A  C
H  Z  I  R  U  D  I  B  E  M  H  A  A  S  O
P  B  G  U  S  P  S  V  I  R  C  O  A  R  E
A  D  N  L  D  C  O  S  T  U  M  B  R  E  Z
M  A  L  E  T  A  R  R  N  E  S  A  L  A  A
P  W  Q  O  M  Z  D  G  E  H  C  Q  N  O  Q
T  T  H  O  Y  P  A  B  R  A  Z  O  S  A  O
```

ABRAZOS	AEROPUERTO	AHORA
APARATOS	BESOS	BIENVENIDA
CARRO	CARTA	CASA
CIUDAD	COCINA	COSTA
COSTUMBRE	CUARTOS	ENTIENDE
EXPLICAN	HERMANA	LEJOS
MALETA	MEJILLAS	MUJERES
NUEVA	OFICINA	PADRES
SALA	TELEVISOR	VIVIMOS

NOTAS DEL LECTOR

Capítulo # 6
El panorama en Panajachel

Vocabulario

1. Totalmente

2. Colegio

3. Uniformes

4. Educación física

5. Miedo

6. Aprender

7. Contenta

8. Especial

9. Necesitar

10. Primera

11. Simpáticos

12. Fácil

13. Vestido

14. Escuela

15. Partidos

16. Animadoras

17. Anima

18. Regresar

19. Decir

20. Mala

21. Difícil

22. Familia nueva

23. Va a su cuarto

24. Carta

25. Conocí (conocer)

26. Feliz

27. **Otras materias** _____

28. **País** _____

29. **Gringos** _____

30. **Vestido especial** _____

Dibuja una Porrista de tu escuela/colegio Usando la Internet

Cuestionario

Contesta las siguientes preguntas:

1. ¿Cómo describe Patricia a las escuelas de los Estados Unidos?

2. ¿Usan uniformes los estudiantes para ir a la escuela?

3. ¿Cómo es la escuela?

4. ¿Con quién habla Patricia de sus clases?

5. ¿Qué va a estudiar Patricia en la escuela?

6. ¿A qué le tiene miedo Patricia?

7. ¿Por qué Patricia le tiene miedo a estas materias?

8. ¿Por qué Patricia está contenta?

9. ¿Cuál es la primera clase de Patricia?

10. ¿Cómo se llama el chico que Patricia conoce en la escuela?

11. ¿De dónde es el chico?

12. ¿Qué dice el chico de los latinos?

13. ¿Qué dice el chico de algunos gringos?

14. ¿En qué clase hay solamente un latino?

15. ¿Saludan los gringos a Patricia?

16. ¿Le hablan los gringos a Patricia?

17. ¿Cómo se llama la chica americana que está en la clase de historia con Patricia?

18. ¿Por qué lleva Debbie Martin un vestido especial?

19. ¿Qué deportes hay en la escuela?

20. ¿Qué es una animadora?

21.   ¿Qué hacen las animadoras?

22.   ¿Qué le contesta Debbie a Patricia?

23.   ¿Cómo reacciona Patricia a ese comentario?

24.   ¿Cómo se siente Patricia cuando le contesta a Debbie?

25.   ¿Cuál es la pregunta que se hace Patricia?

26.   ¿Con quién habla Patricia cuando regresa a casa?

27.   ¿Cómo describe Diane a Debbie?

28.   ¿Qué consejo le da Lisa a Patricia?

29.   ¿Qué hace Patricia cuando regresa a su cuarto?

30.   ¿Por cuánto tiempo va estar Patricia en Ventura?

LOS ESTUDIANTES LLEVAN UNIFORMES EN GUATEMALA

Ejercicio de Español

Nombre _____

Escribe C si es Cierto y F si es Falso

1. Patricia conoce a un chico en la clase de historia _____

2. Los estudiantes llevan uniformes a la escuela. _____

3. La escuela en Panajachel es igual que la de Ventura _____

4. Patricia habla con su novio cuando entra a la clase. _____

5. Debbie Martin es una chica mala. _____

6. Patricia quiere aprender italiano y francés. _____

7. Los americanos también son llamados gringos. _____

8. Debbie Martin es una animadora y jugadora de fútbol. _____

9. Patricia llega a casa con Lisa y Diane a las doce de la noche. _____

10. Patricia, Lisa y Diane van a un restaurante después del juego. _____

Ejercicio de Español

Llena los espacios en blanco

1. La escuela de ventura es _____ diferente a la de Panajachel.

2. Los estudiantes _____ uniformes a la escuela.

3. El _____ es el idioma que Patricia quiere aprender.

4. Patricia tiene miedo de _____ y matemáticas.

5. Alejandro es de _____ en Guatemala.

6. A los americanos también los llaman _____.

7. Todas las escuelas en Ventura tienen _____, _____, _____ y _____.

8. Una animadora _____ y _____ en los juegos.

9. Patricia le dice a Debbie "No soy _____ soy_____".

10. Hoy Patricia tuvo una experiencia muy _____.

Ejercicio de Español

Escribe las diferencias entre las escuelas de Panajachel y las de Ventura

Escuelas de Panajachel	Escuelas de Ventura

NOTAS DEL LECTOR

Capítulo # 7

Escuela Secundaria de Ventura

Vocabulario

Traduzca las siguientes palabras

1. Partido

2. Gimnasio

3. Mascota

4. Delante

5. Vestido

6. Triste

7. Tigre

8. Representa

9. Mirar (miran)

10. Contra

11. Estadio

12. Violento

13. Pelota

14. Sorprendida

15. Óvalo

16. Comida Rápida

17. Grita

18. Mala

19. Trabajar

20. Comer

21. Apreciar (aprecian)

22. Interesante

23. Robar (roban)

24. Criminales

Cuestionario

1. ¿Qué día de la semana es el partido de fútbol?

2. ¿A dónde van todos en la tarde?

3. ¿Qué hace Debbie Martin?

4. ¿Cómo se pone Patricia cuando ve a Debbie Martin?

5. ¿Qué es un cougar?

6. ¿Cuál es la mascota de la escuela?

7. ¿A dónde van las tres chicas en la noche?

8. ¿Qué clase de partido creía Patricia que iba a ver?

9. ¿Qué piensa Patricia del partido de fútbol?

10. ¿Cómo están los estudiantes?

11. ¿A Dónde van Patria, Lisa y Diane después del partido?

12. ¿Qué clase de comida sirven en el restaurante?

13. ¿Qué comen en el restaurante?

14. ¿Quién entra al restaurante?

15. ¿Cuántas personas están con Debbie?

16. ¿Qué grita Debbie en el restaurante?

17. ¿Se quedan Debbie y sus amigos a comer en el restaurante?

18. ¿Qué hace Patricia cuando oye los comentarios de Debbie?

19. ¿Qué les dice Patricia de Guatemala a Lisa, Diane y a los chicos?

20. ¿Qué dice Diane de los Estados Unidos?

21. ¿Qué hora es cuando llegan a casa?

22. ¿Qué hace Patricia cuando llega a su cuarto?

23. ¿Por qué grita Debbie?

24. ¿Quién está cantando y gritando?

25. ¿A qué tipo de restaurante fueron Patricia y Diane?

Ejercicio

Nombre_____

Llena los espacios en blanco

1. Patricia, Lisa y Diane creen que Debbie es muy _____ persona.

2. El partido de fútbol es el día _____

3. Es un animal como el tigre _____

4. Patricia cree que el fútbol es un deporte muy _____

5. Después del partido Patricia, Diane y Lisa van a un _____.

6. Llegan _____ chicos al restaurante con Debbie.

7. Después del partido Debbie _____ al mismo restaurante.

8. Patricia le escribe una _____ a su familia.

9. Las Chicas llegan a casa a las _____ de la noche.

10. Ventura High _____el partido de fútbol.

11. La pelota tiene forma de_____.

12. Debbie entró y gritó "_____."

13. Después todos fuimos a un restaurante para_____.

14. Debbie Martin es_____.

15. Patricia está triste porque_____.

16. **Patricia va a su cuarto y** _____ .

17. **Patricia y Diane fueron a un restaurante de comida** _____ .

18. **Diane dice que en los Estados Unidos hay muchos** _____ .

19. **Ellas fueron a caminar en la** _____ .

Dibuja un mapa de USA y Colorea en Rojo el Estado donde llega Patricia

Ejercicio de Cierto o Falso

Nombre_____

Escribe C si es cierto y F si es falso

1. _____ Esta noche es lunes y hay un partido de fútbol.

2. _____ Debbie Martin está delante de todos.

3. _____ Patricia le pregunta a Debbie, "¿Qué es un cougar?"

4. _____ En el gimnasio Patricia lo mira todo.

5. _____ Diane le explica a Patricia que un cougar es un león.

6. _____ Todos los estudiantes de la escuela van al partido.

7. _____ Patricia está enferma cuando llega al estadio.

8. _____ Después del partido Patricia va a un restaurante.

Escribe preguntas con:
Quién, Qué, Dónde, Cuándo, Cuántos, Cuál, Cuáles, A dónde, Cómo y Por qué

Nombre_____

Modelo: patricia va a California. ¿A dónde va Patricia?

1. **Debbie Martin entra al restaurante de comida rápida.**

   ¿_____?

2. **Hay muchas personas buenas en California.**

   ¿_____?

3. **Patricia está triste cuando piensa en Debbie.**

   ¿_____?

4. **Hay muchos chicos en Guatemala que no van a la escuela porque tienen que trabajar.**

   ¿_____?

5. **Patricia va a su cuarto y escribe una carta a sus amigos.**

   ¿_____?

6. **La familia necesita dinero para comer.**

   ¿_____?

7. **Las chicas comieron hamburguesas en un restaurante de comida rápida.**

   ¿_____?

8. **Debbie Martin es una chica muy mala.**

   ¿_____?

DESPUÉS DEL PARTIDO DE FÚTBOL AMERICANO
PATRICIA VA A COMER CON DIANE Y LISA

Dibuja la Comida que Ordenan en el Restaurante

Completa la siguiente tabla con información sobre los personajes:

Debbie Martin	Patricia	Diane

Usa las siguientes palabras para crear oraciones

1.   cougar / animal / tigre

_____

2.   gimnasio / Patricia / todo

_____

3.   noche / van / fútbol

_____

4.   estudiantes / escuela / partido

_____

5.   noche / interesante / Patricia

_____

6.   muchos / hacia / pelota

_____

7.   piensa / mirar / partido

_____

8.   estudiantes / contentos / ganó

_____

9.   tiene / pelota / óvalo

_____

10.   juego de fútbol / Patricia / violento

_____

Dibujar

Representa con dibujos el Capítulo # 7

1.	2.
3.	4.

NOTAS DEL LECTOR

Capítulo # 8

Vocabulario

Traduzca las siguientes palabras

1. **Primera** _____
2. **Dice (decir)** _____
3. **Autor** _____
4. **Declaración** _____
5. **Independencia** _____
6. **Escucha** _____
7. **Entiende** _____
8. **Composiciones** _____
9. **Concentrarse** _____
10. **Regresa** _____
11. **Cerca** _____
12. **Gritando** _____
13. **Robar** _____
14. **Policía** _____
15. **Escapa** _____
16. **Llorando** _____
17. **Abrazo** _____
18. **Vergüenza** _____
19. **Perdón** _____
20. **Insulto** _____
21. **Peligro** _____
22. **Corre** _____
23. **Permiso** _____

Preguntas

1. ¿Cuándo va Patricia a la escuela?

2. ¿Qué le dice Debbie Martin a Patricia en la clase hoy?

3. ¿De quién habla el profesor en la clase de historia?

4. ¿Qué entiende Patricia?

5. ¿Qué clase prefiere aprender Patricia?

6. ¿Cómo habla el profesor en la clase?

7. ¿A quién ve Patricia en una calle cerca de la escuela?

8. ¿Quién está dentro del carro?

9. ¿Qué quiere hacer el hombre?

10. ¿Qué tiene el hombre en la mano?

11. ¿Qué hace Patricia cuando ve la situación?

12. ¿A dónde invita Debbie a las chicas?

13. ¿A quién llaman las chicas?

14. ¿Qué hace el hombre cuando ve a las chicas?

15. ¿Cómo está Debbie Martin?

16. ¿Qué hace Debbie cuando sale del carro?

17. ¿Cómo se siente Debbie después de este incidente?

18. ¿Le pide perdón Debbie Martin a Patricia?

19. ¿Qué le dice Debbie a Patricia?

20. ¿Quién es Susan?

21. ¿Qué día es la fiesta?

22. ¿Cómo es la vida de Patricia ahora?

23. ¿Quién habla siempre con Patricia?

24. ¿Qué dice Patricia de la familia americana?

25. ¿Por qué está triste Patricia al final de su viaje?

Dibuja el Autobús donde Viaja la Familia de Patricia a la Ciudad

Ejercicio

Nombre _____

Escribe C si es cierto y F si es falso

1. Debbie le dice muchas cosas a Patricia en la primera clase. _____

2. El profesor habla del presidente Clinton y la declaración de independencia. _____

3. Patricia tiene que aprender sobre la historia de los Estados Unidos. _____

4. Patricia prefiere la clase de francés. _____

5. El profesor habla rápido para poder hacer otras cosas. _____

6. Debbie estaba dentro del carro que estaba en la calle. _____

7. El hombre que está frente al carro es el amigo de Lisa. _____

8. Patricia grita y dice, "Voy a llamar a la policía." _____

9. Después del incidente Patricia tiene vergüenza. _____

10. Debbie le dice, "gracias, gracias, muchas gracias." _____

11. Debbie sale del carro bailando y cantando una canción de Daddy Yankee. _____

12. Debbie le dice a Patricia perdón y le da un abrazo. _____

13. Patricia invita a Debbie a su casa. _____

14. La fiesta en la casa de Debbie es el viernes. _____

15. Patricia les escribe a su familia y a su novio y les dice que su vida es mala. _____

El Profesor dice que George Washington es el Padre de los Estados Unidos

Tomás Jefferson fue Expresidente de los Estados Unidos y Autor de la Declaración de la Independencia

Escribir oraciones

Nombre _____

Usa las siguientes palabras para escribir oraciones completas

1. Patricia / escuela / mañana / Lisa y Diane

    _____

2. escucha / hay / no entiende

    _____

3. Guatemala / ahora / historia

    _____

4. algunos / años / inglés

    _____

5. profesor / despacio / palabras

    _____

6. después / regresa / carro

    _____

7. calle / escuela / hombre

    _____

8. hombre / robar / chica

    _____

9. hombre / problemas / policía

    _____

Escribe

Nombre _____

Usa el vocabulario dado para escribir párrafos cortos. Puedes comparar tus párrafos usando tu libro en las páginas # 29 y 30

Patricia escuela mañana amigas normal clase nada cuando bueno

_____
_____
_____
_____
_____
_____
_____
_____
_____

Después regresa con día casa calle escuela hombre delante gritando chica carro

_____
_____
_____
_____
_____
_____
_____
_____
_____
_____
_____

Completar

Nombre _____

Completa la siguiente tabla con información acerca de los personajes:

Patricia	Debbie

Dibujar

Nombre _____

Representa con dibujos el Capítulo # 8

1	**2**
3.	**4.**
5.	**6.**

Diálogos

Nombre _____

Practica los siguientes diálogos con un compañero de clase

Diálogo # 1

A: ¿Cuándo vas al gimnasio?

B: Voy al gimnasio los lunes y jueves. ¿Y tú?

A: Yo voy al gimnasio los fines de semana. ¿Qué día tienes tu clase de español?

B: Tengo mi clase de español los martes, miércoles y viernes. ¿Tienes tú español?

A: Sí. Yo estudio español los lunes, jueves y viernes. ¿Quieres ir a la cafetería?

B: Sí. ¡Vamos!

Diálogo # 2

A: ¿Quién es ese hombre?

B: Yo no sé. No lo conozco. ¿Por qué?

A: Porque tiene un aspecto sospechoso. Creo que tiene una pistola.

B: Usa tú teléfono celular. Vamos a llamar a la policía.

A: No. Yo tengo mucho miedo.

B: No tengas miedo. Dame tu teléfono y yo llamo a la policía.

A: No. Vamos a correr. Yo quiero gritar.

B: No corras y no grites que yo llamo a la policía.

A: No es necesario. El hombre corre y escapa por el parque.

B: Entonces vamos a comer hamburguesas.

A: Sí. ¡Vamos!

NOTAS DEL LECTOR

Capítulo # 9

Vocabulario

Traduzca las siguientes palabras

1. Elegante
2. Piscina
3. Traje de baño
4. Invitación
5. Come (comer)
6. Juegan (jugar)
7. Hermoso
8. Montañas
9. Visitar
10. Regresan (regresar)
11. Ahora
12. Feliz
13. Hermoso lago
14. Última
15. Llegar a tiempo

Cuestionario

1. ¿A dónde van Patricia y Diane?

2. ¿A dónde va Lisa con sus amigas?

3. ¿Cómo describen la casa de Debbie Martin?

4. ¿Cómo llegan vestidos los chicos a la fiesta?

5. ¿En qué mes es la fiesta?

6. ¿Cómo es la temporada en Ventura?

7. ¿Qué hacen las chicas en la fiesta?

8. ¿Qué le pregunta Debbie a Patricia?

9. ¿Cómo describe Patricia a Guatemala?

10. ¿Cómo se llama el lago?

11. ¿Cuántas hermanas tiene Patricia?

12. ¿Cuántos hermanos tiene Patricia?

13. ¿Qué quiere hacer Debbie Martin?

14. ¿A quién quiere conocer Patricia?

15. ¿En qué mes debe visitar Debbie a Patricia?

16. ¿Por cuánto tiempo quiere Debbie estar en Guatemala?

17. ¿Cuál es la fecha que Patricia regresa a su casa?

18. ¿Cómo describe Patricia a los Estados Unidos?

19. ¿Cuál es la idea que tiene Debbie Martin?

20. ¿Quién quiere visitar el país de Guatemala?

Ejercicio de Español

Dictado
Escriba las palabras que dicte el profesor tomadas del vocabulario

1. _____

2. _____

3. _____

4. _____

5. _____

6. _____

7. _____

8. _____

9. _____

10. _____

Ejercicio de Español

Llena los espacios en blanco

1. Las dos chicas que van para la fiesta de Debbie se llaman _____ y _____.

2. Debbie se quiere quedar en Guatemala por _____ mes.

3. Patricia dice que la casa de Debbie es _____.

4. Los chicos van para la fiesta con su traje de _____.

5. Debbie va visitar a Patricia en el mes de _____.

6. La fiesta es en el mes de _____.

7. El lago en Panajachel se llama _____.

8. Patricia tiene _____ hermanos en total.

9. Debbie Martin quiere visitar _____ en el verano.

10. Lisa y sus amigos van para el _____.

Describe la diferencia entre Estados Unidos y Guatemala

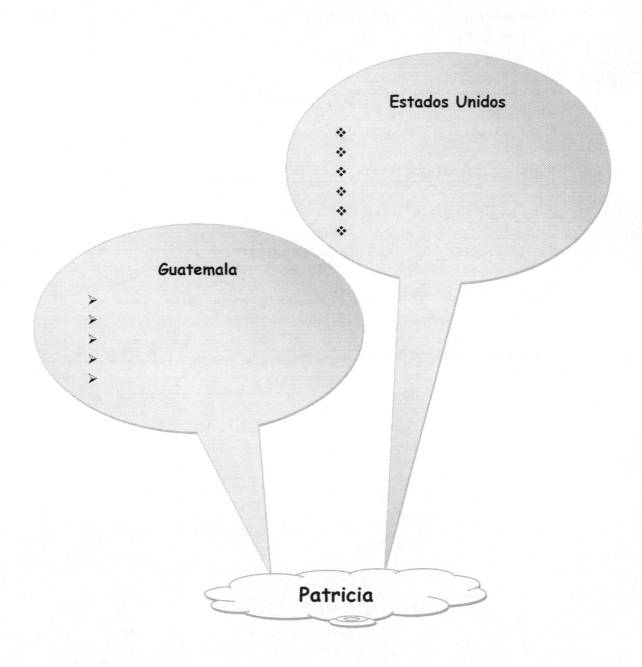

Ilustra y nombra las estaciones del año de los Estados Unidos

Guatemala

¿Qué es un Tríptico?

En publicidad y artes gráficas, un tríptico es un folleto informativo doblado en tres partes iguales, que por lo regular es una hoja de papel tamaño carta. En el frente, contiene la información del evento y la institución que lo organiza. En el centro de la hoja se colocan los invitados especiales, el contenido de conferencias, horario, ponente, fiestas, datos de la inauguración y clausura. En la parte posterior se dejan los datos para la inscripción e información.

Crea una invitación en el formato de Tríptico para una fiesta de Verano, Playa o Piscina

Ejemplo:

Fiesta

Instrucciones

Este es el contenido que debe llevar el Tríptico: Nombre de la Persona que da la fiesta, Fecha, Lugar, Formal o Informal, Colocar una ilustración adecuada con la fiesta, Invitados, Reservación y Sea Creativo. Toda la información debe ser en español (All the information must be in the target Language)

Capitulo # 9

Patricia Va a California

```
C  Q  R  A  T  I  S  I  V  E  F  P  J  P  I
U  X  N  O  D  P  A  R  H  I  E  I  A  O  G
A  O  K  V  N  L  X  E  E  B  L  S  S  C  D
R  H  T  W  R  O  R  J  K  B  I  C  I  W  C
O  I  O  E  P  M  P  P  H  E  Z  I  L  J  E
P  G  M  R  O  A  F  M  Y  D  M  N  R  Z  T
S  O  A  S  A  H  T  H  E  J  D  A  S  R  F
C  E  O  L  M  M  U  R  E  I  M  Z  A  X  Y
Y  K  P  M  V  I  G  P  I  O  T  J  D  B  U
M  E  L  E  G  A  N  T  E  C  E  J  Q  H  P
O  W  L  Q  Z  D  I  J  A  O  I  L  Z  P  V
W  Z  U  Z  R  D  V  M  I  T  K  A  V  R  F
X  W  N  A  S  U  S  X  R  K  B  X  F  G  H
Y  Y  Q  N  J  R  J  U  G  A  R  V  F  S  N
X  K  C  A  V  Q  R  L  K  Q  P  D  A  R  A
```

AHORA	COMER	DEBBIE
ELEGANTE	FELIZ	HERMOSO
JUGAR	LAGO	LISA
PATRICIA	PISCINA	TRAJE
SUSAN	TIEMPO	

Nombra los distintos bailes que hay en:

Estados Unidos	Guatemala

Aprende a Bailar Salsa

Pasos Básicos Para Aprender a Bailar Salsa

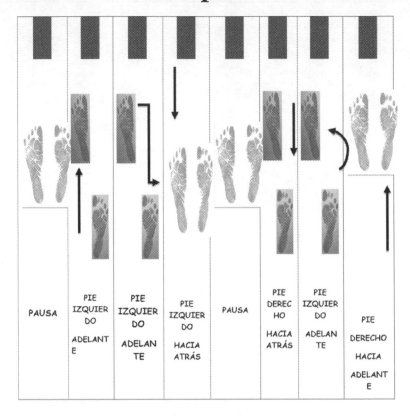

| PAUSA | PIE IZQUIERDO ADELANTE | PIE IZQUIERDO ADELANTE | PIE IZQUIERDO HACIA ATRÁS | PAUSA | PIE DERECHO HACIA ATRÁS | PIE IZQUIERDO ADELANTE | PIE DERECHO HACIA ADELANTE |

Diviértete

NOTAS DEL LECTOR

Capítulo # 10

Vocabulario

Traduzca las siguientes palabras

1. Maleta
2. Visitar
3. Contenta
4. Viaje (viajar)
5. País
6. última vez
7. Triste
8. Amigos
9. Tiempo
10. Boleto en la mano
11. Adiós
12. Expresar
13. Corazón
14. Siempre
15. Dice (decir)
16. Honor
17. Conocer
18. Persona
19. Fenomenal
20. Amor
21. Aprendimos (aprender)
22. Abraza (abrazar)
23. Ahora
24. Abordar
25. Grita

26. **Avión**

27. **Piensa (pensar)**

28. **El tiempo vuela**

29. **Beso**

Dibuja la Lancha que Va a San Pedro desde Panajachel

Cuestionario

1. ¿A qué hora se levanta Patricia?

2. ¿Qué día regresa Patricia a su país?

3. ¿Quiénes van para el aeropuerto con Patricia?

4. ¿En qué mes va Debbie Martin a Guatemala?

5. ¿Qué hace Patricia por última vez?

6. ¿A qué terminal va Patricia?

7. ¿Qué tiene Patricia en la mano?

8. ¿Dónde va a guardar Patricia esta experiencia?

9. ¿Qué le dice Ron a Patricia?

10. ¿Qué le dice Debbie a Patricia en el aeropuerto?

11. ¿En cuántas horas va estar Patricia en su casa?

12. ¿Qué hace Patricia cuando aborda el avión?

13. ¿En qué piensa Patricia cuando está en el avión?

14. ¿Qué grita Patricia cuando sale del avión?

Ejercicio

Llene el espacio en blanco

1. Patricia se levanta a las _____.

2. Ron dice que Patricia es una chica _____.

3. El _____ Patricia se regresa a Guatemala.

4. Patricia _____ con la familia por última vez.

5. El aeropuerto está localizado en _____.

6. Todos van con Patricia a la terminal _____.

7. Patricia tiene el _____ en la mano.

8. Patricia dice que va a llevar esta experiencia en el _____.

9. Ron dice que fue un _____ conocer a una persona como ella.

10. Debbie le dice a Patricia que ahora ella es una persona _____.

Ejercicio

Escriba <u>C</u> si es cierto y <u>F</u> si es falso

1. Patricia se desmaya en el aeropuerto.

    _____

2. Patricia se levanta a las cinco de mañana.

    _____

3. Debbie dice que Patricia es una chica fenomenal.

    _____

4. Patricia llora cuando aborda el avión.

    _____

5. Debbie abraza al perro cuando está en el aeropuerto.

    _____

6. Patricia llega a Guatemala en seis horas.

    _____

7. Patricia va a llevar estos recuerdos en el corazón.

    _____

8. Debbie va a Guatemala para las
    navidades en Honduras.

    _____

9. En el avión Patricia piensa en su viaje a México.

    _____

10. Patricia está contenta de estar en su país.

    _____

Ejercicio

Enumere las oraciones de acuerdo con los eventos del capítulo #10

_____ **Voy a tener esta experiencia en mi corazón para siempre.**

_____ **Toda la familia abraza a Patricia.**

_____ **Patricia entra al avión.**

_____ **Patricia se regresa a Guatemala el sábado.**

_____ **Patricia llora. Ella está triste porque no va a ver a su familia.**

_____ **Patricia va a la terminal internacional del aeropuerto.**

_____ **Patricia sale del avión y dice ¡Hola familia!**

_____ **Patricia se levanta temprano para ir al aeropuerto.**

_____ **Gracias por todas tus lecciones de vida.**

_____ **Ron le dice a Patricia que es una chica fenomenal.**

Describe las experiencias positivas y negativas que Patricia lleva en el corazón

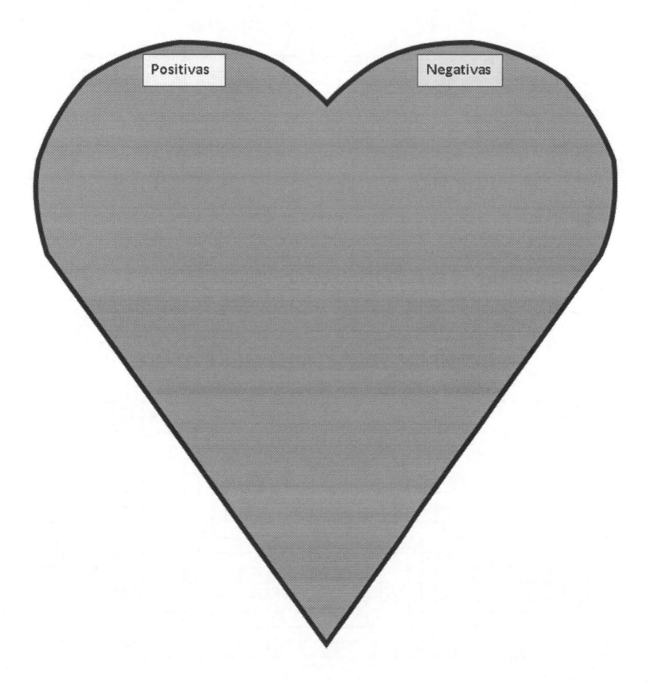

Patricia regresa a Guatemala. Traza el Camino del Avión

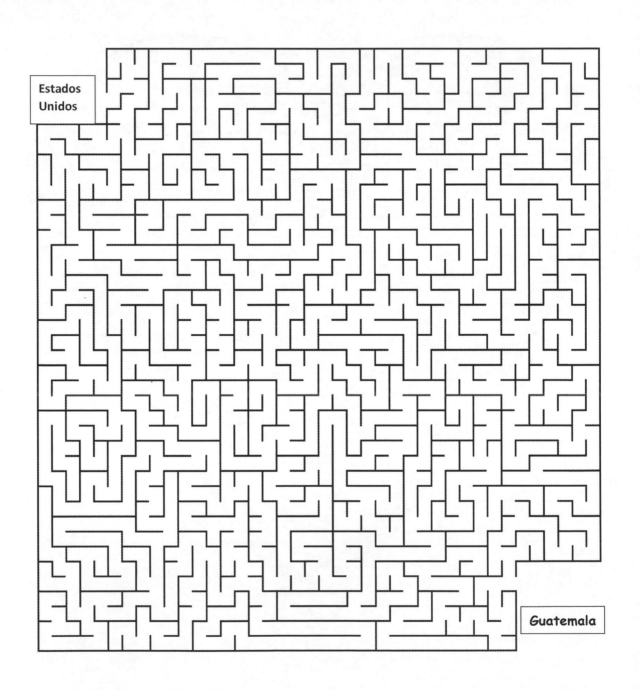

Organice los cuadros para revelar el mensaje

OS	A	A R	G E	A N L	U AT	E SP	DE
B BI	CA.	MA	L AM	OS	HO .	RA	LA .
I ES	ES	UAT	TUR	A . E	S M	PRE	MUC
RTI	RE	TOY	N E	CUL	BIE	U IE	NOS
MU	DE	EMA	I A	DEB	EST	NDA	SA
PAI	ERO	E Q	RGU	TA	OTR	QU	ITA
A F	S .	VIS	LTE	LLO	HAB	HOR	A G
MI	EMA	MIG	Y O	NU			

Respuesta del juego

Debbie Martin es mi amiga ahora. En la fiesta nosotros hablamos mucho. Debbie quiere visitar Guatemala. Estoy muy orgullosa de mi país. Espero que aprenda nuestra cultura guatemalteca.

NOTAS DEL LECTOR

Capítulo # 11

Vocabulario

Traduzca las siguientes palabras

1. Buscar _____

2. Besos en la mejilla _____

3. Centro _____

4. Autobús _____

5. Durante _____

6. Cuenta (contar) _____

7. Sobre _____

8. Da (dar) _____

9. Impresionantes _____

10. Observa _____

11. Actitud positiva _____

12. Apreciar _____

13. Buenísima _____

14. Volcanes _____

15. Admiración _____

16. Besos _____

17. Mansión _____

18. Énfasis _____

19. Montañas _____

20. Indígenas _____

Preguntas

1. ¿A quién busca Patricia en el aeropuerto?

2. ¿Quién sale del avión?

3. ¿Qué hace Debbie cuando ve a Patricia?

4. ¿A dónde van las chicas en el taxi?

5. ¿Qué toman las chicas para ir a Panajachel?

6. ¿Cuántas horas dura el viaje a Panajachel?

7. ¿Qué le da Debbie a Patricia?

8. ¿Cómo es la actitud de Debbie hacia Patricia?

9. ¿Cómo describe Debbie el autobús?

10. ¿Qué dice Debbie del lago y del volcán?

11. ¿Cómo llegan las chicas a la casa de Patricia?

12. ¿Qué clase de animales hay en la casa de Patricia?

13. ¿Qué le entrega Debbie a la madre de Patricia?

14. ¿Dónde está el padre de Patricia?

15. ¿Dónde está la madre de Patricia?

16. ¿Qué hace la madre de Patricia en el patio?

17. ¿Qué dice Debbie de las personas de los Estados Unidos?

18. ¿A quién le escribe Debbie?

Completación

Completa las siguientes oraciones:

1. Patricia va al aeropuerto para _____ a Debbie.

2. Patricia está muy _____ cuando ve a Debbie.

3. En el centro toman un _____ para ir a Panajachel.

4. Debbie le cuenta _____ los _____ nuevos en California.

5. Debbie tiene una actitud positiva _____ _____ a Patricia.

6. Debbie mira el _____ _____ es una experiencia buenísima.

7. Las chicas van _____ _____ a la casa de Patricia.

8. La familia de Patricia _____ animales.

9. Debbie les da besos en la _____ a las hermanas y al hermano.

10. Debbie tiene un _____ de su familia para la familia de Patricia.

11. Debbie _____ en la casa. Ve que _____ una sala con televisor.

12. Su casa es como una mansión en _____ pero _____ que no es importante.

Diálogo

Practica el siguiente diálogo con un compañero

A: ¿A dónde vas en las vacaciones de verano?

B: Voy a California a visitar a una amiga.

A: ¿Quién es tu amiga?

B: Es una chica llamada Debbie. Ella es de los Estados Unidos.

A: ¿Cuánto tiempo vas a estar en California?

B: Yo voy a pasar quince días en casa de Debbie y su familia. ¿Y tú? ¿A dónde vas de vacaciones?

B: Yo voy a viajar a Guatemala a casa de mi amiga Patricia.

A: ¿Guatemala? ¿Dónde es Guatemala?

B: Guatemala está localizado en la América Central. Es un país muy hermoso en donde la gente es muy amable.

A: ¿Hay un lago muy bonito en Guatemala?

B: Sí. Se llama Lago Atitlán. El agua es azul y también hay muchos volcanes.

A: ¡Maravilloso! Te invito a comer helados.

B: ¡Excelente! ¡Vamos!

Completación

Completa la siguiente tabla:

Patricia	Debbie

Actividad

Representa con dibujos el Capítulo # 11

1	2
3	4

Patricia Va a California Cap*ítulo* #11

```
F  L  H  A  G  T  N  L  C  A  H  Y  F  A  C
F  P  I  Y  N  O  H  S  E  N  I  F  Z  U  J
A  Q  P  R  I  M  E  R  A  S  O  Z  G  H  I
B  L  X  O  P  J  O  B  C  B  M  G  U  L  G
S  U  X  A  A  P  R  O  E  K  E  G  S  B  A
A  X  J  R  U  A  N  S  A  J  K  M  T  F  M
L  M  T  E  Z  O  O  D  J  K  W  O  O  I  B
A  T  R  A  C  S  U  B  P  O  L  L  O  S  K
A  T  N  E  T  N  O  C  E  A  R  S  O  D  E
O  H  D  M  B  Y  D  T  D  I  B  R  I  J  A
V  S  Q  E  X  P  N  R  N  D  R  Z  A  G  V
K  Y  W  G  O  E  A  E  M  E  V  I  E  E  S
J  Q  R  V  G  N  V  T  P  O  V  L  X  L  X
F  J  F  L  L  S  A  S  O  C  L  E  Q  W  F
A  J  I  F  J  P  L  M  I  S  N  F  M  E  Z
```

ABRAZAN	AEROPUERTO	BESOS
BUSCAR	CARTA	CONOCE
CONTENTA	COSAS	EVENTOS
FELIZ	FINES	GENTE
GUSTO	LADRAN	LAVANDO
LLEGA	MANO	PATOS
PERROS	POLLOS	PRIMERA
SABEMOS	SALA	TRAJES
VENIR	VIAJE	

Escribir

Escribe oraciones usando las siguientes palabras:

1. va / aeropuerto / buscar

   _____

2. está / contenta / Debbie

   _____

3. centro / autobús / Panajachel

   _____

4. tiene / positiva / conoce

   _____

5. primera / mira / buenísima

   _____

6. perros / ladran / conocen

   _____

7. patos / pollos / perros

   _____

8. les da / mejillas / hermanas

   _____

9. tiene / regalo / familia

   _____

10. está / muy / regalo

    _____

11. siento / esposo / ahora

    _____

Internet

Usa la Internet para buscar la siguiente información:

1. **¿Qué aerolíneas vuelan a Guatemala?**

    a.

    b.

    c.

2. **¿Cuánto cuesta un boleto de avión desde California a Guatemala?**

    a.

    b.

3. **¿Cuál es la capital de Guatemala?**

    a.

4. **¿Cuál es la población de Guatemala?**

    a.

5. **Dibuja el mapa de América Central y colorea a Guatemala**

6. **Dibuja y colorea la bandera de Guatemala**

7. **¿Cuál es la moneda de Guatemala?**

   a.

8. **¿Qué tipo de gobierno tiene Guatemala?**

   a.

9. **¿Cuáles son las comidas típicas de Guatemala?**

   a.

   b.

   c.

10. **Menciona tres fechas importantes de Guatemala**

    a.

    b.

    c.

NOTAS DEL LECTOR

Capítulo # 12

Huipil

Vocabulario

Traduzca las siguientes palabras

1. Tiempo

    _____

2. Regalos

    _____

3. Dinero

    _____

4. Contenta

    _____

5. Escuchan

    _____

6. Mes

    _____

7. Caminar (camina)

    _____

8. Totalmente

    _____

9. Ahora

    _____

10. Regresar

    _____

11. Realmente

    _____

12. Rápidamente

    _____

13. Duerme (dormir)

    _____

14. Piensa (pensar)

    _____

15. Agradecida

    _____

16. Sube (subir)

    _____

17. Dice (decir)

    _____

18. Feliz

    _____

Cuestionario

1. ¿Por cuánto tiempo va Debbie de vacaciones a Guatemala?

2. ¿Qué hacen todos los chicos?

3. ¿Quiénes van para la fiesta?

4. ¿Qué tienen los amigos de Patricia para Debbie?

5. ¿Cómo considera Debbie la fiesta?

6. ¿Qué hacen Patricia y Debbie después de la fiesta?

7. ¿Qué le dice Debbie a Patricia?

8. ¿Qué le dice Patricia a Debbie?

9. ¿Cuándo va Debbie al aeropuerto?

10. ¿En qué piensa Debbie ahora?

11. ¿Por qué está Debbie agradecida?

12. ¿Cuándo regresa el padre de Patricia a su casa?

Ejercicio

Completa las siguientes oraciones:

1. Es el _____ día en Guatemala para Debbie.

2. Debbie _____ muchos amigos en Guatemala.

3. Todos los amigos _____ una fiesta para Debbie.

4. Las hermanas de Patricia _____ para la fiesta.

5. Debbie _____ _____ con sus amigos en Guatemala.

6. Todos en la fiesta _____ la música.

7. Es una noche _____ para ella.

8. Después de la fiesta las chicas _____ a la casa.

9. _____ muchos amigos en Guatemala.

10. Mi vida es _____ diferente ahora.

11. Tengo una _____ aquí en Guatemala.

12. Estoy triste _____ tengo que regresar a mi país.

Ejercicio

Escribe <u>C</u> si es cierto y <u>F</u> si es falso

1. _____ **Es el primer día en Guatemala para Debbie.**

2. _____ **Debbie no tiene amigos en Guatemala.**

3. _____ **Las hermanas de Patricia van a la fiesta.**

4. _____ **Debbie está muy feliz con los regalos.**

5. _____ **Todos en la fiesta escuchan música en inglés.**

6. _____ **Es una noche súper buena para Debbie.**

7. _____ **Debbie y Patricia caminan a la casa de Patricia.**

8. _____ **Patricia dice que su vida es completamente diferente.**

9. _____ **Patricia dice que no tiene una familia en Guatemala.**

10. _____ **Patricia está contenta porque tiene que regresar a Guatemala.**

Ejercicio

Representa con dibujos el Capítulo # 12

1	2
3.	4.

Ejercicio

Escribe sobre los siguientes personajes:

Debbie	Patricia

Ejercicio

Escribe una oración utilizando todas las palabras

1. último / Guatemala / Debbie

   _____

2. tiene / amigos / Guatemala

   _____

3. hermanas / van / fiesta

   _____

4. fiesta / música / español

   _____

5. estoy feliz / oportunidad / Guatemala

   _____

6. tengo / aquí / Guatemala

   _____

7. mañana / despierta / aeropuerto

   _____

8. Patricia / feliz / casa

   _____

9. Debbie Martin / abrazo / Patricia

   _____

10. Debbie / se sube / California

   _____

Ejercicio

Traduzca las palabras subrayadas

1. Debbie va a la casa y se <u>duerme</u>. (_____)

2. Muchos amigos tienen <u>regalos</u> para Debbie. (_____)

3. Todos en la fiesta <u>escuchan</u> música en español. (_____)

4. Debbie <u>se sube</u> al avión y va a California. (_____)

5. Mi vida es diferente <u>ahora</u>. (_____)

6. Estoy triste porque tengo que <u>regresar</u> a mi país. (_____)

7. Tú <u>realmente</u> eres una buena amiga. (_____)

8. En la mañana <u>se despierta</u> y va al aeropuerto. (_____)

9. Debbie <u>piensa</u> en la primera vez que vio a Patricia. (_____)

10. Debbie le da un <u>abrazo</u> a Patricia. (_____)

NOTAS DEL LECTOR